APA, SOARELE ȘI VÂNTUL: CANICULA
Text © Elena Ocenic
Ilustrații © Mihaela-Bianca Anton

2023

Elena Ocenic

# APA, SOARELE ȘI VÂNTUL

## Canicula

Ilustrații de
Mihaela-Bianca Anton

— Mami, dar de ce trebuie să stau astăzi în casă? întreabă Titi necăjit.

E vară, afară e cald și soare,
și vreau să mă joc în parc! spune bosumflat.

— Puiul meu, îți promit că, după ce trece canicula, putem ieși din nou în parc să te joci cu prietenii tăi, Mia și Coco.

Însă acum e prea cald afară,
și asta poate să ne pună
sănătatea în pericol, continuă mama.

— Dar de ce e iar canicula?
Credeam că a trecut deja... vrea Titi să știe.

— Puiul meu, îi răspunde mama cu blândețe,
îți aduci aminte că anul trecut au fost
inundații în orașul vecin?
— Nu sunt sigur, răspunde Titi.

— Ei bine, din cauza schimbărilor climatice, există tot mai multe evenimente meteo extreme, iar pe planetă sunt tot mai des

ploi abundente,

secete,

incendii

și perioade cu canicula,
adică zile în șir cu temperaturi
foarte ridicate...

— Și e un lucru rău? întreabă Titi mirat.

— Da, este o problemă, pentru că afectează atât sănătatea mediului înconjurător, cât și pe cea a oamenilor, răspunde mama cu seriozitate.

Uite, acum termometrul arată 45 de grade Celsius, deci trebuie să ne adăpostim într-un loc răcoros, umbrit.

E cel mai bine să rămânem în casă pentru a nu face insolație.

— Aha, înțeleg acum, pare să răsufle ușurat Titi.
E pentru binele meu să stau în casă astăzi.
— Astăzi, da, confirmă mama.

— Dar mâine? se întreabă Titi. Oare mâine voi putea ieși?
Abia aștept să mă joc de-a v-ați ascunselea cu Mia și Coco.

— Da, mâine va fi mai răcoare și poți ieși la joacă
fără restricții. Iar dacă ne asigurăm că facem tot posibilul
pentru a evita apariția caniculelor pe viitor,
sper să nu mai avem problema aceasta,
spune mama îngândurată, dar cu speranță în suflet...

— Dar ce putem face? întreabă Titi curios.
Dacă aș veni cu mașina de pompieri
să sting canicula?

— Păi, avem multe soluții pentru a ajuta planeta
să facă față schimbărilor climatice:

putem planta copaci,

putem ocroti pădurile și
natura în general,

putem folosi
transportul în comun,

mașina electrică,

bicicleta

sau trotineta,
de pildă.

De asemenea, putem folosi energia regenerabilă, adică energia produsă de apă, soare sau vânt.

Și acestea sunt doar câteva exemple,
îi explică mama cu duioșie.

— Ura! se bucură Titi când află că există soluții pentru a evita pe viitor să stea închis în casă vara.

Lui Titi tocmai i-a venit o idee.
Îi propune mamei să scrie
o listă de acțiuni împreună.

Mulțumit și cu un zâmbet mare pe buze,
prima acțiune pe care o propune este să planteze
un stejar în grădină pentru veverițele care iubesc ghindele.

primul stejar plantat

— Hai să plantăm și un măr, continuă mama.
În felul acesta, putem gusta și noi din roadele pomului!

primul măr plantat

— Da, dar dacă vorbim de fructe,
parcă aș vrea și niște zmeură...

— Bine, puiul meu. Totuși, până una alta, propun
să ne răcorim cu o înghețată de zmeură din frigider!
— Da, da! aprobă Titi cu entuziasm.

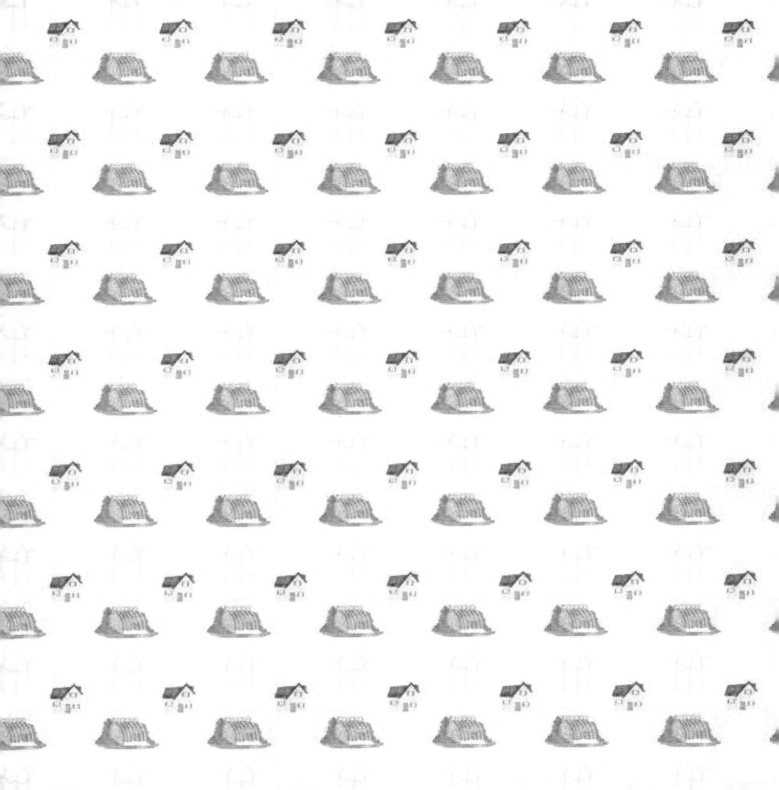

Printed in the USA
CPSIA information can be obtained
at www.ICGtesting.com
LVHW071025191223
766591LV00008B/422